Método do Carisma

3 Passos para você ser mais memorável

Prof. Danilo Mota

Método do Carisma
3 Passos para você ser mais memorável
Segunda edição

Este livro foi produzido de forma artesanal, sendo então uma produção independente (sem editora). Caso queira sugerir melhorias e correções ou mesmo deixar seus comentários sobre como esta obra te ajudou, entre em contato com o autor, enviando um email para:
danilo.mota@superedesafios.com.br
Imagens: Canva.com

ÍNDICE:

Introdução: O que é o carisma?

Passo I: Interesse

Parte II: Encantamento

Parte III: Conexão

Considerações finais

DEDICATÓRIA:

Para Kétnei, Mariana e Guilherme... tudo foi feito por vocês.
Obrigado pelo incentivo, pelas palavras de carinho e pela torcida.

PREFÁCIO:

Olá.

Que bom que você decidiu dar o primeiro passo para ser uma pessoa mais memorável!

O carisma é uma habilidade fundamental, pois através dele, uma pessoa consegue se conectar melhor com seus pares e ter mais engajamento. Desta forma, suas ideias serão mais aceitas e você terá relacionamentos mais fortes e consistentes.

Neste livro, quero te ajudar a dar o primeiro passo rumo ao seu desenvolvimento de forma que você consiga atingir seus objetivos. E pensando agora sobre aprender habilidades de carisma, me diga uma coisa:

- *Qual a sua dificuldade em ser mais carismático?*

Pense nessa pergunta e anote a resposta em um caderno ou dispositivo eletrônico. Se você não tiver resposta agora, não tem problema. Pode ser que ao longo da leitura do livro você adquira mais consciência sobre quais pontos precisa melhorar nesse quesito do carisma.

Ao longo do livro, você vai notar que com mudanças simples, você vai conseguir potencializar seus relacionamentos. Mas, como as técnicas são simples, a maioria das pessoas não as coloca em prática. Por isso, incentivo fortemente que você absorva as informações aqui contidas, e aja.

De forma sequencial, vamos seguir aqui três passos para aumentar o seu carisma. Esses três passos eu creio que são o diferencial desse livro. Aqui você terá uma sequência para testar e validar de acordo com a sua realidade. Esse método que eu desenvolvi é justamente o que vejo que falta em outros livros sobre o tema. Mas como eu disse, tudo vai funcionar se você partir para a ação.

Vou te ensinar neste livro um método de três passos:

Passo I: Interesse
Passo II: Encantamento
Passo III: Conexão

Prosseguindo, eu fiz de tudo para tornar essa obra uma escrita fácil de ler e entender. Meu foco quando escrevo é ser sucinto e direto ao ponto visando resolver a dor/problema do leitor.

Por fim, ser aceito pelas pessoas é uma necessidade. Você precisa ao longo de sua vida de se conectar e criar laços para que as pessoas cumpram uma ordem (ex. Liderança), te façam um favor ou mesmo sejam solícitas para com você.

Perceba então, que o carisma é uma ferramenta fundamental nesse processo humano de relacionamentos e conquista de objetivos. A questão de tudo e que acho a mais interessante é que o carisma pode ser aprendido e elevar os padrões de uma pessoa.

Vou ficando por aqui e te agradeço novamente por estar comigo nessa jornada. Vamos aprender juntos!

Prof. Danilo Mota

INTRODUÇÃO: O QUE
É O CARISMA?

Antes de entrar no método para ser alguém carismático, cabe uma pergunta: o que é o carisma afinal?

Quanto a origem do termo carisma, ele vem do latim *Kharisma*, que significa "graça" ou "favor". Nessa palavra, encaixam-se pessoas graciosas, cordiais e polidas.

Idealmente, o carisma é uma arma muito importante para o desenvolvimento pessoal de alguém. O carisma é por assim dizer um elemento da comunicação que envolve a influência e a persuasão, que leva alguém a ser uma pessoa mais bem quista, mais simpática e a ter mais relacionamentos e resultados.

Agora conceitualmente:

O carisma é uma habilidade de alguns seres humanos de conseguir encantar, persuadir, fascinar ou seduzir o outro através da sua forma de ser e de agir.

Pessoas carismáticas, em média, tem entusiasmo (cheias de Deus), são pessoas simpáticas e empáticas que são hábeis em sentir o que as outras pessoas sentem. Finalmente, as pessoas carismáticas fascinam pela sua forma de agir.

O carisma é muitas vezes associado a políticos, artistas e demais líderes na tentativa de encantar e persuadir as pessoas de maneira sutil.

Como o carisma é algo sutil, a pessoa que pretende usar o carisma deve fazer tudo parecer natural, de forma que não fique mecânico. Ou seja, seus interlocutores devem perceber o seu carisma com naturalidade. E isso vem com a prática dos conteúdos aqui do livro.

Como falei que o carisma é muito associado a políticos, nota-se que eles estão sendo muito questionados atualmente quanto a serem carismáticos, mas ao mesmo tempo, não cumprirem suas promessas. Essa questão tem levado a uma crise de coerência.

Os políticos costumam ter toda uma assessoria para desenvolverem seu carisma utilizando a simpatia, a linguagem corporal, a forma de falar para que os eleitores considerem aquele candidato homem ou mulher como opção.

Como tudo na vida, existe um lado ruim do carisma. Talvez o maior exemplo ruim de todos, seja o de Adolf Hitler, um político que usou seu poder de carisma para construir toda uma autor-idade para doutrinar as pessoas em sua ideologia. Nesse caso, todo o poder do carisma foi usado para o mal, para destruir as pessoas.

Apesar de saber que carisma, influência e persuasão podem ser usados para o mal, eu quero acreditar que você que está lendo essa obra vai utilizar essa habilidade para o bem!

Agora falando do carisma de forma prática, um dos elementos que faz com que a pessoa seja mais carismática é o fato de ela ser uma pessoa que é reconhecida como uma pessoa interessante. Mas afinal, o que é uma pessoa interessante?

Uma pessoa interessante é aquela que se interessa sinceramente pelas outras pessoas. Isso foi ensinado no famoso Livro Como Fazer Amigos e Influenciar Pessoas. Dale Carnegie, autor desse livro, defendeu que para alguém ser interessante, ele tem que ser interessado nas outras pessoas.

Resumindo, se você quer se tornar uma pessoa mais carismática, você deve se tornar uma pessoa interessante. E para se tornar uma pessoa interessante, você deve se interessar genuinamente pelas pessoas. Então, as duas coisas que você vai precisar são:

1. Ser interessado; e
2. Ter uma escuta ativa.

A questão agora é: *você se considera uma pessoa interessante?*

Basicamente, todos nós temos algo de interessante para mostrar ou contar. Individualmente, temos uma história única, com altos e baixos, não é mesmo?

A pesquisadora Vanessa Van Edwards defende que a preguiça é um dos fatores que nos atrapalham para que sejamos interessantes. Isso porque ser carismático e interessante, dá trabalho. Ou seja, você terá que investir tempo nessa habilidade.

No geral, você precisa investir o seu tempo em ler livros diferentes, desenvolver uma nova habilidade, praticar um novo hobby etc.

Mas não se preocupe com isso agora. Ao longo do tempo e depois de ler este livro, você vai ter um bom caminho para ser alguém realmente carismático com que for aprendido aqui. Investindo nessa questão, você vai gerar sua autenticidade evidenciando seu jeito próprio de falar e agir.

Na parte I a seguir, vamos tratar do primeiro passo que chama-se método do interesse. Nele, vamos trabalhar como você vai na prática demonstrar interesse nas pessoas. Vamos lá?

Um mapa mental com o resumo do conceito de carisma pode ser visualizado aqui: https://www.superedesafios.com.br/ conteudo-livro-carisma/

PASSO I: INTERESSE

Quando você começa a se interessar pelas pessoas, elas começam a se interessar por você. E aí, para começar, é primordial conhecer os chamados três princípios humanos universais. Esses princípios norteiam todo o comportamento humano e acreditando neles ou não, ao terminar esse primeiro passo, você deverá concordar que eles dizem muito sobre os relacionamentos. Os princípios são:

1. As pessoas necessitam se sentir importantes
Nesse primeiro princípio, entendemos que as pessoas têm uma necessidade de se sentirem importantes. É isso. Duvida?

Se sentir importante é uma necessidade permanente do ser humano e o desejo de se sentir valorizado é extremamente poderoso.

Isso explica por que as pessoas compram carros caros, roupas caras, se dão presentes, fazem um curso de uma faculdade important-ante para colocarem em seus currículos etc.

Então, sabendo que as pessoas têm essa necessidade, você vai agir nesse sentido, falando sobre o que interessa ao seu interlocutor. Por exemplo, se você for um líder, você pode perguntar sobre a família do seu subordinado, perguntar sobre algo que ele comprou, ou sobre um curso que fez.

A questão de demonstrar interesse primeiro é talvez mais importante ainda quando você acabou de conhecer uma pessoa. Nesse momento, não é hora de falar de você, mas incentivar para que o seu interlocutor fale. No trato com alguém, aborde coisas que são interessantes para ela.

Fazendo assim, você vai criar uma marcação positiva na mente daquela pessoa e vai reduzir a resistência da primeira impressão.

O segundo princípio:
2. O principal interesse das pessoas é por elas próprias
Isso pode ser frustrante no início, mas considero uma verdade. O maior interesse de uma pessoa é em si própria e isso acontece até por uma questão de autopreservação.

Ou seja, tendemos a proteger e privilegiar a nós mesmos primeiro frente às outras pessoas. De forma geral, isso é positivo e não negativo. A questão é que há pessoas que realmente só pensam nelas e então começam a ter a antipatia das pessoas.

No seu caso, se você quiser ser uma pessoa carismática, você deve ter em mente que esse interesse próprio é o que move as pessoas. E agora você sabe que isso é natural, já vem "instalado" no ser humano.

Note por exemplo, o efeito das redes sociais. As pessoas estão evidenciando a si mesmas o tempo todo. Elas fazem isso mostrando fotos de viagens, de que estão aniversariando, que tiraram uma foto num show ou com um artista etc.

Fazendo isso, a pessoa está sempre evidenciando ela mesma. Repare que grande parte das conversas das pessoas começa com "Eu".

Exemplo:

"Eu comprei esse livro".
"Eu cortei o cabelo no salão TAL".
"Eu fiz uma viagem para Fernando de Noronha ano passado, nossa,
que viagem foi aquela..."

Repare que a todo momento, estamos falando de nós, seja dos filhos, da prova que fizemos, do que comemos...

Então, sabendo do contexto acima, a sua abordagem com as pessoas deve ser sempre direcionada ao que as pessoas pensam e desejam. Se você é consciente do princípio 1 e 2, você vai trabalhar para perceber e demonstrar interesse no que as pessoas têm ou são.

O terceiro princípio é:
3. A lei natural do retorno

Aqui é a chamada lei da reciprocidade. Essa lei rege os princípios humanos e ela faz muito sentido.

Note que quando algo nos é feito, tendemos a ter uma dívida psicológica com alguém. Isso se refere desde quando um vendedor amigo seu te atende bem, até quando você ganha um cafezinho no supermercado. A reciprocidade é uma moeda de troca humana.

A questão é que fomos ensinados desde cedo que devemos retribuir a algo que nos é feito. É socialmente deselegante não retribuir. Por exemplo, se o chefe lhe dá os parabéns, você não deve ficar calado. Você deve dizer algo como "Obrigado!". Se você não disser, vai soar petulante. Então, nesse simples exemplo você consegue perceber o poder da reciprocidade.

De forma geral, você deve gerar reciprocidade para com as pessoas.

Finalizando essa parte, se você se interessar pelas pessoas e falar coisas que lhes interessam, você vai gerar reciprocidade, pois vai ser visto como alguém que é agradável, que é solícito, que presta atenção. E note que dar atenção é algo cada vez mais raro.

Veja o fato, por exemplo, de você simplesmente lembrar o nome de uma pessoa. Só isso já é uma demonstração de interesse, de cuidado. Significa que você prestou atenção e isso gera reciprocidade.

Se você ao conversar com alguém, lembrar de detalhes ou de coisas que a pessoa falou na última conversa que tiveram, vai gerar mais reciprocidade ainda!

Como demonstrar interesse nas pessoas

Agora chegou o momento de explorar mais como fazer as pessoas se sentirem importantes. E isso remete principalmente a elogiar. Os elogios são armas poderosas para você demonstrar interesse.

Comece praticando a questão de dar importância. Por exemplo, ao entrar numa sala, cumprimente a todos. Se for estratégico, entre, faça uma saudação e cumprimente apertando a mão dos presentes.

Quando você encontra com alguém então, você pode perceber as pessoas e as coisas que elas usam. Depois, pontualmente, pode começar a fazer elogios.

Você pode elogiar a pessoa, os pertences e até mesmo a atitude dela. Os autores Allan e Barbara Pease ensinam isso e defendem que ao fazer um elogio, falemos o nome da pessoa e falemos o porquê do elogio.

Você pode dizer:
"Adriana, você é uma excelente pessoa porque é bem humorada".
"Valdir, gostei do seu jardim porque ele se integra perfeitamente ao ambiente da sua casa".

Sobre elogiar, vou contar um exemplo pessoal. Eu conheci um senhor e conversamos um pouco. Na verdade a conversa foi rápida, mas agradável pois percebi que ele era bom de papo. Passado alguns dias, eu subi no ônibus e encontrei esse homem. Daí ele fez um elogio a minha pessoa. Assim:

"Você aqui, que bom te encontrar. Ganhei meu dia!"

Veja que esse senhor fez um elogio a minha pessoa e analisando depois, percebi que talvez ele fez isso empiricamente, mas que se for usado de forma estratégica, marca muito o interlocutor. Cheguei a conclusão que muitas pessoas devem gostar desse senhor por ele usar técnicas de carisma!

Você pode elogiar também os pertences de uma pessoa. Você pode elogiar um livro que ela está lendo, se comprou um relógio etc.

Outra forma de elogiar é a aparência. Percebo que mulheres fazem isso melhor do que os homens. Uma mulher percebe facilmente quando a outra fez mechas no cabelo ou emagreceu.

No entanto, com treino, vi eu mesmo que é possível prestar atenção (perceber) e depois elogiar algo que a pessoa tenha mudado na sua aparência.

Os elogios só começarão a ser uma boa ferramenta de carisma se você praticar. Para algumas pessoas pode ser difícil no início por causa da timidez ou introversão. Mas sugiro que você comece pequeno, percebendo e elogiando pequenas coisas e depois que ganhar mais confiança, vá avançando mais.

Lembre-se de quando elogiar, usar o nome da pessoa, pois isso monopoliza a atenção dela. O nome é a coisa mais doce que a pessoa pode escutar. Então, tente falar o nome da pessoa até três vezes no início da conversa, de forma a facilitar que você grave o nome dela.

Finalmente, quando você receber um elogio, agradeça. Se puder, devolva o elogio. Não é bom ficar evitando elogios demonstrando que você não é digno de recebê-lo. Por exemplo, se alguém disser pra mim:

"Danilo, você é um ótimo professor!"

Eu posso dizer:

"Muito obrigado, que bom que você notou. Você também é uma ótima aluna!"

Como ouvir de forma eficaz

Uma pessoa fascinante, é alguém que ouve com atenção ao que os outros falam. Note que com o surgimento da era da informação, junto com o contexto da internet, fez as coisas ficarem mais rápidas e por esses e outros motivos, prestar atenção tem se tornado um desafio.

Por exemplo, durante a leitura aqui desse livro, algo ou alguém já deve ter tentando tirar a sua atenção, não é mesmo? Mas o mais importante aqui é que você saiba que é preciso praticar!

No livro Os 7 Hábitos das Pessoas Altamente Eficazes, o autor Stephen R. Covey relata que o hábito mais desafiador é ouvir. E por mais que pareça estranho, os bons ouvintes causam mais atenção do que as pessoas que falam muito.

Lembre da lei da reciprocidade. Se alguém escuta e dá atenção, ela cria um sentimento de reciprocidade na cabeça do interlocutor. E isso faz com que esse alguém seja visto como alguém que tem carisma.

Há uma grande falta de interesse em ouvir. Isso pode ser percebido quando os clientes estão insatisfeitos, os subordinados estão desengajados ou mesmo há problemas com o cônjuge, que perpassam pela questão da falta de escutar.

Um bom ouvinte, escuta ativamente. Para fazer isso, você pode falar:

"Deixa eu ver se entendi o que você quis dizer..."

Ao final da sua fala, você completa com:

"Não é?" ou *"É isso?"*

Então, esse já é um sinal de que você está prestando atenção. Outro sinal de escuta é você usar palavras de encorajamento, como:

"Entendo..."
"Ahã..."
"É mesmo? E como foi? Me fala mais sobre isso."

Outra forma de demonstrar atenção é o contato visual. Você não precisa ficar o tempo todo encarando a pessoa, mas sempre faça o contato pessoal por alguns segundos e continue usando as expressões de encorajamento.

Outra coisa é assentir com a cabeça, demonstrando concordância e abrindo mais os olhos levantando as sobrancelhas, para demonstrar que quer saber mais!

Levando mais para a questão da linguagem corporal e para complementar ainda mais, se puder, incline-se levemente para demonstrar interesse. Incline a cabeça, incline o queixo e assim você reforça que está interessado.

Por último e não menos importante: deixe a pessoa falar e não interrompa. Controle o seu ímpeto e espere a pessoa terminar de falar. Depois, vá mostrando interesse e colocando sempre seu interlocutor no centro da conversa. Fazendo esses passos, você vai começar a sua conversa com o pé direito e vai avançar no seu propósito de ser carismático.

Como conversar
Para conversar com as pessoas, vimos que devemos colocá-las em primeiro lugar. Devemos incentivar a pessoa a falar sobre ela. No início, incentive a pessoa a falar algo dela e depois, ao longo do tempo, você terá a oportunidade de falar algo de você.

A minha sugestão é que numa conversa, você use perguntas abertas pois elas exigem uma elaboração, uma explicação. Algumas sugestões:

- Como foram suas férias?
- Como você começou a atuar na área de engenharia?

- O que você pensa sobre "X" assunto?

Quando a pessoa começar a falar, use as palavras de encorajamento que já falamos aqui como:

"Conte-me mais sobre isso..."
"Ah, tá. Entendo."

Outro fator para criar conexão com alguém que você estiver conversando é sorrir. Quando você sorri, quase que todas as vezes, você recebe um sorriso de volta (lei da reciprocidade). Então, o sorriso é um causador de empatia muito forte.

Para finalizar essa parte, evite ao máximo entrar em discussões e assuntos polêmicos nas suas conversas. Quando houver uma opinião divergente, faça o máximo para tentar separar a pessoa do problema.

Todo mundo tem direito de se expressar, de expor sua opinião. Por isso, considere que as pessoas pensam diferente de você e se for importante para o contexto, diga que você discorda, mas que considera a opinião dela.

RESUMO DO CAPÍTULO:

Questões a se considerar:
- Demonstre interesse
- Demonstre atenção
- Dê sinais de que você está escutando a conversa através de assentimentos com a cabeça e palavras de encorajamento.
- Olhe nos olhos
- Incline-se
- Sorria

Exercício (Passo I):
1) Sobre como fazer as pessoas se sentirem importantes, é correto afirmar que:
- a) Não devemos cumprimentar todas as pessoas, só as que são estratégicas para nós.
- b) Você não pode elogiar o comportamento de uma pessoa, pois ela pode não gostar.
- c) Quando for fazer um elogio, evite dizer o nome da pessoa.
- d) Quando alguém te elogiar, você deve aceitar, agradecer e retribuir/mostrar sinceridade.

2) Vimos que existem três princípios da natureza humana. Qual das opções a seguir <u>não</u> é um dos princípios falados?
a) As pessoas priorizam primeiro os outros, ao invés delas mesmas.
b) As pessoas querem se sentir importantes.
c) O principal interesse das pessoas é em si mesmas.
d) Existe o princípio da reciprocidade: o que nos é feito, será retribuído em algum momento.

As respostas corretas estão no final do livro

Um exercício adicional deste capítulo está disponível em mapa mental aqui: https://www.superedesafios.com.br/conteudo-livro-carisma/

PARTE II: ENCANTAMENTO

Como encantar as pessoas? Essa pode ser uma pergunta que você já tenha feito. Primeiro, você precisa reduzir as resistências de uma pessoa para com você. Como assim? Eu explico.

Aprendemos desde cedo que há perigos no mundo, então nosso cérebro aprendeu ao longo do tempo a escanear ameaças. A questão é o instinto de sobrevivência, de autopreservação.

Nos primórdios da civilização, tivemos de aprender a distinguir amigos de inimigos. Então, desenvolvemos a habilidade de fazer julgamentos rápidos. E esses julgamentos são instintivos. Ou seja, mesmo que você tente evitá-los, provavelmente não vai conseguir. Sabendo disso, o que fazer então?

A primeira coisa então para reduzir as resistências e causar boas primeiras impressões é justamente você se esforçar para se parecer com quem você quer criar um relacionamento. Se o cérebro da outra pessoa acreditar que você é parecido com ela, você diminuirá a resistência inicial e terá uma grande tendência de ser aceito.

Para se parecer com alguém, você precisa pesquisar quem você quer criar um relacionamento. Eu ensino isso no meu outro livro Como Conversar Bem[1]. Mas no geral, se for alguém de uma empresa, você pode sondar pessoas que trabalham nessa empresa ou mesmo entrar em redes sociais e sites dessa organização para saber detalhes sobre essa pessoa que é alvo da sua conversa.

Isso porque na hora de conversar, você vai ter informações que vão ser colocadas na conversa. Se tudo for feito de forma natural, a pessoa vai se conectar com você pois vai perceber que você se preocupou em saber algo sobre ela.

Se for um possível cliente que você vai pesquisar, perceba como esse cliente ou na empresa que ele trabalha se vestem, se há jargões, siglas que são próprias da empresa etc. Conseguindo informações sobre o contexto da pessoa, ficará mais fácil adaptar sua fala, sua vestimenta e sua postura ao seu cliente. Isso serve para entrevistas de emprego e até mesmo para relacionamentos amorosos. Ou seja, quanto mais alguém sentir que você se parece com ela, mais vai validar que você é uma pessoa que merece confiança.

Depois da parte da pesquisa, agora chegou a hora da abordagem. Então, você vai conversar com a pessoa que é seu alvo. Você pode usar então agora o que ensinamos na parte I deste livro.

Nessa abordagem, você deve primeiramente fazer uma saudação e dizer o nome da pessoa, junto claro com um sorriso no rosto. Isso porque quando sorrimos, transmitimos a seguinte mensagem: "fico feliz em ver você!". O sorriso abre portas!

Aliás, em qualquer contexto, seja conversando com funcionários, ou se você está conversando com o seu chefe, colegas de trabalho etc, tente sempre sorrir e manter um bom humor saudável. Isso vai criar uma marcação positiva na mente das pessoas.

Uma pesquisa feita por Ruth Campbell da University College London, mostrou que os neurônios espelho ativam o reconhecimento de rostos e expressões faciais e ativam a reação de espelhamento. Por isso, quando alguém sorri, sorrimos de volta. O sorriso então é algo magnético e quando você faz isso, está pedindo aceitação social.

Outro fator além do sorriso é o aperto de mão. Junto com a saudação, dizer o nome do interlocutor e sorrir, devemos cumprir o ritual de apertar a mão. Esse aperto de mão deve ser firme (mas sem exageros), com o braço dobrado e você deve se inclinar um pouco pra frente, para mostrar reverência. Esse inclinar-se funciona melhor ainda se você estiver cumprimentando uma pessoa mais velha ou uma pessoa da liderança. Isso vai mostrar respeito pela pessoa com quem você quer se relacionar.

Outro fator importante no aperto de mão é o contato visual. Esse primeiro contato visual é rápido e ajuda a criar uma marcação positiva.

E uma pergunta que sempre me fazem é: *"Quando eu sei que a outra pessoa quer apertar a mão?"*

A resposta é: observe o interlocutor. Se ele estiver com uma postura aberta e estender a mão, faça também. Se você sentir a postura fechada e a pessoa não estender a mão, não o faça.

Outra coisa é que se a pessoa apertar a mão mais forte, aperte também e se for mais fraco, também acompanhe ela e coloque menos força. Em geral, mulheres tendem a colocar menos força no aperto de mão e como os homens costumam ter mais força física, devem ter um cuidado ao apertar a mão das mulheres.

Em resumo, se você fizer as coisas que citei até aqui de forma natural, vai gerar uma imagem positiva na cabeça da outra pessoa e já vai começar o relacionamento com o pé direito.

Depois do primeiro contato, para conversar e dar atenção, retorne ao passo I e trabalhe bem para dar atenção e demonstrar interesse.

Uma última coisa a ser falada envolve a sua vestimenta. De nada adianta você fazer uma boa saudação, falar o nome, sorrir, entre outros e não estiver vestido de acordo com o que o contexto pede.

Conforme falei na parte inicial deste capítulo sobre a pesquisa do seu interlocutor, tente de alguma forma conhecer o código de vestimenta (dress code) e se adaptar ao local onde você vai estar. Por exemplo, se para uma entrevista de emprego você sabe que uma empresa é mais informal, você não precisará talvez de um blazer ou terninho no caso das mulheres. Você então, deve se preocupar em não ficar aquém nem além do código de vestimenta do contexto em que você vai estar.

Chegamos ao final do passo II e a seguir falaremos sobre a terceira etapa para aumentar o nosso carisma. Espero que até aqui você tenha aprendido e notado a importância de trabalhar bem os passos I e II para aumentar a sua influência.

RESUMO DO CAPÍTULO:

Questões a se considerar:

- Trabalhe as primeiras impressões
- Pesquise detalhes sobre o seu interlocutor
- Na abordagem faça uma saudação e diga o nome da pessoa
- Sorria
- Aperte a mão corretamente
- Estabeleça contato visual

Exercício (Passo II):

1) Ao longo do tempo, nosso cérebro desenvolveu um mecanismo de defesa. Por isso quando conhecemos alguém:

a) Julgamos se aquela pessoa é amiga ou inimiga.

b) Não julgamos as primeiras impressões.

c) Julgamos que aquela pessoa não é uma ameaça.

d) Julgamos positivamente, afinal, todas as pessoas são iguais.

e) Somos simpáticos, pois esse mecanismo de defesa não faz sentido.

2) Para gerar primeiras impressões, vimos que o sorriso é imprescindível. Desse modo é correto dizer que:

a) O sorriso ativa os neurônios espelho e causa o espelhamento imediato.

b) O sorriso deve ser utilizado apenas quando temos um evento importante.

c) Quando você conhece alguém e sorri, geralmente as pessoas se sentem ameaçadas.

d) Devemos sorrir somente para aqueles que realmente já nos relacionamos há muito tempo.

e) Quando sorrimos, a outra pessoa tende a se manter séria, por defesa social.

As respostas corretas estão no final do livro

Bônus: Um mapa mental adicional a este capítulo focando na questão da liderança, está disponível para visualização neste link: https://www.superedesafios.com.br/conteudo-livro-carisma/

PARTE III: CONEXÃO

Começando essa terceira parte, ela trata de como manter conexão com uma pessoa. E algo que você deve conhecer é o que chamamos de Sinalização.

Na psicologia, existe um termo chamado de Tendência de Amplificação de Sinal. De forma sucinta, **tendemos a achar que estamos transmitindo uma imagem positiva e coerente para as pessoas, mas na maioria das vezes as pessoas não nos enxergam da forma que achamos que elas estão vendo.**

Sim, podemos dizer que na maioria dos casos, temos uma expectativa alta de como somos vistos, mas em muitos e muitas situações, as pessoas pensam diferente de nós. Em média temos medo de expor nossos sentimentos e emoções e quando conseguimos fazer isso, deixamos geralmente para as pessoas mais próximas. O que precisamos fazer então?

Devemos sinalizar, demonstrar que queremos conexão. Você então precisa verbalizar para as pessoas o quanto você está a fim de fazer conexões. Você pode usar algo do passo I aqui do livro. Por exemplo, ao encontrar com alguém, você pode dizer:

"João, que bom te encontrar aqui."

Faça elogios sinceros, dê atenção. Ou seja, tenha sempre uma atitude simpática e positiva para com as pessoas, demonstrando para elas que você quer fazer conexões.

Eu às vezes percebo isso em redes sociais. Alguém por exemplo te parabeniza no Linkedin e você nem agradece. Ou mesmo, você comenta uma postagem de alguém e não recebe uma resposta. A questão é que o nome diz: "Rede social". Então, é algo feito para nos relacionarmos, conversarmos e interagirmos.

Do mesmo modo, no mundo físico, devemos demonstrar para as pessoas que estamos abertos a conversar, a aceitar as suas ideias e a considerá-las.

A essa altura aqui do livro, talvez você pense que o que venho falando aqui é óbvio demais. Mas em muitos casos, por ser óbvio, as pessoas não fazem. Uma coisa que é bem trivial em relacionamentos por exemplo é: Gostamos de quem gosta de nós!

Quando sabemos que alguém gosta de nós, temos no subconsciente o raciocínio: Se essa pessoa gosta de mim, ela está certa pois sou uma pessoa boa!

Então comece a gostar mais das pessoas e sinalize isso pra elas! De forma lógica, se as pessoas perceberem que você gosta delas, elas vão gostar mais de você. Esse é o efeito da reciprocidade. Quanto mais você gostar, mais gostado será!

Agora pense o contrário: Alguém te falou que aquela determinada pessoa não gosta de você. Em geral, sabendo disso, você decide não gostar dessa pessoa - mesmo sem a conhecer!

O contrário também ocorre: Alguém te fala que uma determinada pessoa gosta de você, que te admira, que até já te elogiou. Qual a sua atitude? lógica e rapidamente sua atitude de gostar vai ser favorável. Seu pensamento provavelmente vai ser: Eu também gosto dela, pois ela está certa em gostar de mim!

Resumindo, tenha uma atitude de demonstrar mais para as pessoas que você tem prazer em encontrar com elas, de conversar com elas e de estar ao lado delas. Lembre-se: Quanto mais você gostar, mais gostado você será!

Similaridade

Junto com a Sinalização, precisamos conhecer o Efeito da Similaridade. A Similaridade diz respeito ao fato de que simplesmente gostamos de pessoas que têm opiniões parecidas conosco, que se vestem como nós ou mesmo que têm o mesmo viés político etc.

É o famoso viés da confirmação que a psicologia tanto defende. Lembre que sugeri no final do passo II, que você deve tentar se parecer com a pessoa com quem quer estabelecer relacionamento. Agora aqui na parte III que é a conexão, isso fez todo o sentido, não é mesmo?

Por exemplo, um estudo social testou a capacidade das pessoas de prestar socorro a um estranho. Na rua, um ator simulava estar passando mal e pesquisadores queriam verificar quantas pessoas paravam na rua para prestar socorro. Os pesquisadores correlacionaram que o ator recebeu mais ajuda de pessoas que se vestiam parecido com o ator. Ou seja, de pessoas similares.

Não vou citar mais exemplos, pois acho que você entendeu o contexto. Agora pense em como isso é poderoso e como você pode se beneficiar. Então, perceba isso no seu cotidiano e pratique a Similaridade. Mas como exatamente usar a Similaridade?

Além da vestimenta, estabeleça uma conversa em que você explore as similaridades. De forma prática, digamos que você começou a atender um cliente e fez saudação, falou o nome ou algo assim. Digamos que esse cliente está procurando um tênis para caminhada e entrou na sua loja. Você pode estabelecer um diálogo:

"Você vai começar a caminhar ou já faz isso há algum tempo?"
O cliente diz:
"Eu já caminho faz uns 6 meses, mas estou precisando de um tênis mais confortável."
Então você diz:
"Eu também adoro caminhar e vou te ajudar com algumas opções de tênis."

Note que ao demonstrar que também gosta de caminhadas, você estabelece um ponto de Similaridade. Entendeu?

Você pode pensar que algumas pessoas já fazem isso naturalmente, mas quero que você tenha em mente que agora você vai fazer isso conscientemente, pois aumenta muito a conexão com as pessoas.

Para aumentar ainda mais o grau da conexão, comece a fazer perguntas abertas como ensinado no passo II. Assim:

"Qual o melhor local pra caminhar aqui na cidade? (opinião)

Fazendo perguntas, você vai mostrar interesse, vai mostrar que não é uma ameaça e vai ter pistas de qual melhor produto você pode oferecer. No cérebro (inconsciente) desse cliente, vai ressoar assim: Essa pessoa é amiga.

Outros exemplos de explorar similaridades, é tentar estabelecer pontos como a mesma idade, nascer na mesma cidade, o mesmo sobrenome etc.

É muito comum, quando conhecemos alguém, perguntarmos assim:

"Tânia, o seu sobrenome Trevizan é com Z e o meu é com S. De onde é a sua família?"

Veja que aqui você está demonstrando interesse e tentando criar uma similaridade. Outro exemplo pode ser simplesmente o mesmo time de futebol. Alguém pode dizer:

"E aí, você torce para o Palmeiras?"
A pessoa diz que sim. Então você diz:
"E quando ganhamos aquele título do brasileirão de 2022 hein?"

Note que as pessoas geralmente falam do time como uma propriedade: "nosso time". E assuntos como time de futebol, sobrenome e outros são pontos de similaridade bem fáceis de estabelecer pois são bem comuns.

Em persuasão, sempre falamos que "Todos têm algo de todo mundo". Essa ideia diz tudo sobre a Similaridade. Se você procurar, se tiver interesse, vai achar pontos comuns com qualquer pessoa.

De forma lógica, quanto mais pontos de Similaridade você conseguir estabelecer, mais conexão vai gerar e eu deixo um desafio para você essa semana: Identifique uma pessoa que você não conhece ou que tem pouca informação sobre ela e aplique o passo III da Conexão, buscando Sinalizar e estabelecer pontos de Similaridade. Você vai ver que o seu nível de conexão vai avançar para o próximo nível!

Seja verdadeiro

Até aqui nós já vimos algo sobre criar conexões. Mas e para manter essas conexões ao longo do tempo? Aí entra a criação da confiança através da consistência e entrega daquilo que você promete.

A questão aqui é: seja coerente. Pense que se você sinaliza para as pessoas que quer se conectar com elas e depois você não mantém esse nível de interesse, tudo irá por água abaixo. Você deve então manter um interesse genuíno e constante para com as pessoas. E isso diz respeito também a questões como entregar tarefas, dizer a verdade etc.

A Universidade da Califórnia (UCLA) fez uma pesquisa há um tempo atrás e pediu aos participantes que observassem uma lista de quinhentos adjetivos sobre carisma e influência. Os respondentes precisavam escolher as 10 palavras que eles achavam que mais representavam o carisma. Dentre os 500 adjetivos, estavam palavras como extrovertido, inteligente e atraente. No final, na lista das 10 palavras mais votadas apareceram palavras como coerência, transparência, compreensão etc.

Veja então: ainda que no início a aparência e a capacidade da pessoa ser bem humorada possam chamar a atenção, no longo prazo, outros adjetivos são mais importantes para manter esse carisma e essa influência!

Então, tentar gerar uma imagem e não ser coerente com essa imagem, vai ser totalmente negativo para você e espero que você entenda isso bem!

Seja um expert em conexão
Pesquisas comprovam a força das conexões para o ser humano. Por exemplo, uma pesquisa de Seth J. Gillihan identificou que quando nos conectamos com alguém, o cérebro libera dopamina. A dopamina é um hormônio da conexão e faz a pessoa ter uma sensação de bem estar. Então, você pode ser um especialista em causar sensações boas nas pessoas, sendo alguém mais memorável!

Para te ajudar nesse processo, a pesquisadora Vanessa Van Edwards defende abandonar as chamadas "falas chatas". Por exemplo:

"Você vem sempre aqui?"
"O que você faz?"
"Quantos anos você tem?"
"Te conheço de algum lugar..."

Procure perguntar de forma diferente do que a maioria das pessoas. Sobre isso, uma pesquisa da autora Diana Tamir, descobriu que quando falamos sobre nós, a atividade cerebral aumenta 60%. Então, conforme o passo I e II, tente conversar de forma a estimular que a pessoa fale sobre ela, demonstrando interesse de conexão da melhor forma possível.

Quer um desafio? Saia da sua zona de conforto e busque conversar com pessoas que você nunca conversou. Faça perguntas abertas como:

"Que projeto pessoal você está trabalhando agora?
"Quem é a pessoa mais interessante que você conheceu esta noite?
"Qual foi o pior e o melhor do seu dia até agora?"
"Você tirou férias recentemente. Como foram?"
"O que você gosta no seu trabalho?"

Você pode elaborar outras perguntas. Pense e volte ao conteúdo aqui do livro para "afinar o machado" e aplicar da melhor forma possível.

A questão é que as pessoas gostam de falar algo que diz respeito a elas. Veja que as redes sociais são um ambiente onde as pessoas geralmente falam sobre si mesmas (e querem atenção!).

Para finalizar essa parte e coroar o seu carisma, estimule as pessoas a falar e dê a sensação de que você se importa com elas. Uma das maneiras mais fáceis de fazer isso é perguntar às pessoas sobre:

- O que elas pensam

- Como elas pensam
- O que as intriga
- O que elas estão aprendendo
- Como elas aprendem

Finalmente: Não critique, não discuta e diga não às fofocas e a contendas!

Agora seguimos para um último fator importante e que vejo pouquíssimas pessoas fazendo...

Seja vulnerável

Há um tempo atrás, havia um engano disseminado de que as pessoas tinham de ser fortes o tempo todo, que tinham que esconder suas fraquezas.

Isso mudou. **Atualmente, numa entrevista de emprego, numa palestra e até mesmo no contexto digital, mostrar vulnerabilidades tem sido uma boa ferramenta de conexão.** Por quê? Porque é humano!

Cada vez mais, as pessoas querem se conectar com pessoas que parecem com seres humanos reais. A questão é não exagerar. Vulnerabilidade demais, fica com tom de auto misericórdia.

No entanto, você deve mostrar sua vulnerabilidade pois assim você será uma pessoa mais autêntica. Pessoas gostam de se conectar com quem mostra suas vulnerabilidades. Quando tiver oportunidade, fale de seus desafios enfrentados na vida e o que aprendeu com esses desafios. Por exemplo, se você falar que teve uma doença numa conversa, alguém pode estabelecer similaridade com você por já ter enfrentado algo parecido.

Uma forma muito interessante de mostrar vulnerabilidades é pedindo ajuda. Sim, as pessoas gostam de saber que elas podem te ajudar! Uma pesquisa feita com líderes, mostrou que quando colaboradores pediam ajuda a eles, logo depois esses líderes se sentiam responsáveis pela carreira dos seus subordinados. Perceba que ser ajudado envolve humildade e é humano.

Outra forma de ser vulnerável é a capacidade de rir de si mesmo. Essa capacidade também tem sido muito solicitada no nosso cotidiano. Como vivemos numa sociedade rápida e digital, com milhares de demandas, temos que saber rir dos nossos próprios erros e das nossas maluquices. Afinal, quem nunca não é verdade?

Outra coisa que conecta é pedir desculpas. Pedir desculpas é uma forma de mostrar vulnerabilidade de forma positiva. Também é um fator de humildade e talvez o mais difícil por causa do nosso amor próprio. Esse fator eu preciso trabalhar e você também. (Aliás, já aqui peço desculpas a você caso você tenha encontrado algum erro nesse livro (rsrs)).

Finalizando aqui esse capítulo, espero que você tenha percebido a importância de aplicar esses três passos do que chamo de Método do Carisma, que podem ser feitos de forma sequencial ou de forma isolada. No geral, eu percebi que das duas formas eles dão resultados rapidamente a médio prazo. Conclusão: seja firme na aplicação dos conceitos e você logo, logo vai notar a diferença na qualidade dos seus relacionamentos.

RESUMO DO CAPÍTULO:

Questões a se considerar:

- Sinalize para as pessoas que você gosta delas
- Se esforce para estabelecer pontos de similaridade
- Seja verdadeiro
- Conecte-se sendo vulnerável

Exercício (Passo III):
A sinalização diz respeito a:
a) Fazer um esforço para nos parecermos com nosso interlocutor.
b) Ter caráter e ser verdadeiro.
c) É a mesma coisa que similaridade.
d) Significa que devemos emitir (sinalizar) sinais de simpatia para as outras pessoas.
e) Quando não demonstramos que gostamos dos outros.

2) O efeito de atração por similaridade significa que:
a) Gostamos de pessoas que diferem de nós.
b) Gostamos de pessoas que se parecem conosco.
c) Destacamos nossas semelhanças para pessoas diferentes de nós.
d) Nosso cérebro busca o tempo todo pessoas diferentes de nós.
e) Todas as alternativas estão corretas.

3) Há uma grande necessidade em conexão que é:
a) Ser coerente com suas ideias, cumprindo o que você fala.
b) Ser uma pessoa extremamente sincera, falando só que pensa.
c) Ser atraente e elegante.
d) Manter uma imagem de seriedade, principalmente no mundo corporativo.

e) De não trabalhar o caráter, pois isso não é importante em carisma.

As respostas corretas estão no final do livro

Para complementar o aprendizado deste capítulo, deixo dois links de textos que escrevi sobre carisma e conexão:
Texto 1: Como fazer as pessoas se conectarem com você - verdadeiramente
Texto 2: Como ser uma pessoa verdadeiramente charmosa

CONSIDERAÇÕES FINAIS

As pessoas querem estar ao lado de quem as faz se sentirem bem. E fazer as pessoas se sentirem melhor é a sua missão a partir de hoje aprendendo carisma. Agora o seu desafio começa, mas com um instrumental poderoso nas mãos.

Como foi falado aqui, para um carisma instantâneo, mostre sempre atenção e mostre ao seu interlocutor que você está ouvindo. Adicionalmente e em relação a sua postura corporal, mantenha o seu corpo voltado para quem você estiver conversando e mantenha seus pés voltados para o seu ouvinte.

Retornando ao assunto carisma, falar sobre esse tema é algo que me fascina e eu quis passar todo um aprendizado que vivenciei de forma leve, sucinta, mas útil para aplicação imediata.

Ao longo da minha jornada, uma coisa que aprendi foi sempre aprender um conteúdo e logo colocar em ação e isso é o que eu também recomendo a você. A diferença das pessoas que aprendem de verdade é a aplicação. A velocidade de aplicação é um fator primordial para o seu sucesso nos relacionamentos.

Importante falar que no processo de praticar, você vai errar e talvez cometa algumas gafes, mas não tem problema. É assim mesmo. Erre pequeno para depois fazer grandes acertos.

Algo que até então eu não havia falado no livro e que é importante frisar é que você adquira o hábito de observar pessoas. Sim, tenha a curiosidade de observar sutilmente as pessoas e eu aprendi ao longo do tempo que isso também é muito útil no processo de aprender a ser uma pessoa mais carismática e memorável.

Onde você pode observar? Comece em eventos ou mesmo em shoppings e restaurantes. O ideal é você observar em locais públicos. E o que você pode observar? Você pode observar a linguagem corporal das pessoas, seu jeito de falar, seus trejeitos, gírias, as diferenças de comportamento e linguagem não-verbal em idades diferentes, de homens e mulheres etc.

Recomendo que você observe também pessoas de referência como líderes da sua empresa, professores ou mesmo palestrantes. Escolha uma ou duas pessoas que são referência para você em carisma e influência e aprenda com elas observando como elas fazem seu processo de comunicação.

Com o tempo, você vai começar a criar seu próprio jeito, seu repertório de falas e posturas para ir bem primeiramente no contexto de trabalho e depois, no contexto da sua vida como um todo.

Finalmente, quero convidar você a conhecer meu trabalho online. No meu site aqui nesse link, tem conteúdos sobre comunicação envolvendo carisma, influência, persuasão, oratória e linguagem corporal, além de materiais voltados para a sua carreira. Você terá muitos conteúdos adicionais para aprender mais!

Vou ficando por aqui e quero desejar muito sucesso na sua jornada. Torço muito para que você se torne uma pessoa mais carismática e tenha mais resultados na carreira e também na vida com relacionamentos mais fortes e duradouros.

Se esse livro representou algum diferencial para você, deixe uma avaliação na loja online onde você adquiriu ou mesmo nas redes sociais. Se você comprou a versão física do livro, também pode postar em suas redes. Peço que ao postar, me marque uma das minhas redes sociais que estarão abaixo.

Um grande abraço e sucesso!

Minhas redes sociais:

Instagram:

https://www.instagram.com/professordanilomota/

Facebook:
https://www.facebook.com/profdanilomota

Linkedin:
https://www.linkedin.com/in/profdanilomota/

Pinterest:
https://www.pinterest.ca/profdanilomota/

REFERÊNCIAS:

Edwards, V. V. Captivate: the Science of succeeding with people. Penguin, New York 2017.

Edwards, V. V. Cues: Master the secret language of charismatic communication. Penguin, New York, 2022.

Covey, Stephen R. Os 7 Hábitos das pessoas altamente eficazes. Editora Best Seller, Rio de Janeiro, 2004.

Boothman, N. Como convencer alguém em 90 segundos: crie uma primeira impressão vencedora. Universo dos livros, São Paulo, 2018.

Pease; A.; And Pease B. A linguagem corporal no trabalho. Sextante, Rio de Janeiro, 2004.

Pease; A.; Pease B. Como conquistar as pessoas. Sextante, Rio de Janeiro, 2006.

Carnegie, D. Como falar em público e encantar as pessoas. Companhia Editora Nacional, Rio de Janeiro, 2011/12.

Carnegie, D. Como fazer amigos e encantar pessoas. Companhia Editora Nacional, Rio de Janeiro, 2016.

Navarro, J.; Karlins, M. O que todo corpo fala. Sextante, Rio de Janeiro, 2008.

Links do site do autor com conteúdos adicionais para leitura:

https://www.superedesafios.com.br/como-ser-uma-pessoa-mais-interessante-em-5-passos/

https://www.superedesafios.com.br/10-habitos-de-pessoas-excepcionalmente-carismaticas/

https://www.superedesafios.com.br/como-ser-mais-carismatico-e-influente/

https://www.superedesafios.com.br/como-ser-uma-pessoa-verdadeiramente-charmosa/

https://www.superedesafios.com.br/as-armas-da-persuasao-para-influenciar-qualquer-pessoa/

https://www.superedesafios.com.br/a-importancia-da-expressao-corporal-na-sua-oratoria/

https://www.superedesafios.com.br/como-ser-mais-carismatico-e-influente/

RESPOSTAS DO EXERCÍCIO:

Passo I:
Questão 1: d
Questão 2: a

Passo II
Questão 1: a
Questão 2: a

Passo III
Questão 1: d
Questão 2: b
Questão 3: a

ABOUT THE AUTHOR

Prof. Danilo Mota

 Prof. Danilo Mota é capixaba e mora no litoral do Espírito Santo. É casado e pai da Mari e do Gui. Na infância e adolescência foi uma pessoa muito tímida e só na faculdade começou a despertar para o poder da comunicação interpessoal. Após uma longa jornada de aprendizados e já como professor, decidiu empreender na internet e depois escrever seus aprendizados em livros didáticos e simples como este que você tem em mãos.

www.ingramcontent.com/pod-product-compliance
Lightning Source LLC
Chambersburg PA
CBHW071118220526
45467CB00004B/1939